뽀 포 모 포

어린이 중국어 단어 1

신한미 지음

J PLUS

머리말

의사소통 능력은 외국어 교육의 가장 중요한 목표라고 할 수 있습니다. 이러한 목표를 위해 '말하기, 듣기, 읽기, 쓰기'의 기능별 언어 학습을 통합적으로 이해하고 사용할 수 있는 능력을 키워주는 외국어 학습 교재가 필요하다고 늘 생각해 왔습니다. 본 교재는 중국어로 의사소통을 하기 위한 보다 효과적인 어휘 지도라는 점에 목표를 두고 교재의 내용과 구성을 기획하였습니다.

1.언어 놀이를 통해 자신을 표현하는 놀이 학습의 완결판 교재!

단어를 익히는 과정을 놀이에 접목함으로써 학습자가 흥미를 느끼고 언어 사용을 스스로 즐기도록 합니다. 특히 입에 착착 붙는 동요 · 챈트를 통한 학습은 박자에 맞춰 구절을 반복하는 과정을 통해 일반적인 언어 자료에 비해 기억을 강화하는 역할을 합니다. 노래와 챈트로 익힌 단어의 내용 및 문장 표현은 학습자에게 자연스럽게 내재화되어 효과적인 어휘 학습을 가능하게 합니다.

2.아동의 어휘 발달 특징과 조화롭게 매치시킨 친밀한 느낌의 교재!

학령기 아동들의 언어에 대한 감각적 능력은 상상을 초월할 정도로 뛰어납니다. 간단하고 기본적인 어휘를 선정하여 생활 주변에서 일어나는 다양한 실제 상황을 친근한 내용으로 '문장으로 말해요' 안에 담았습니다. 이는 아동이라는 대상의 특수성을 고려하여 아동의 어휘 발달 특징을 고려한 것으로 말하기 능력의 기초적인 성취를 이루어 내는데 도움을 줄 것입니다.

3.중국 문화에 관한 미니 상식을 콕! 찍어 익히는 교재!

참신하고 매력적인 문화 관련 내용과 활동의 제시는 학습자로 하여금 어휘 학습에 대한 부담감과 불안감을 줄이고 편안한 마음으로 교재를 접하게 만듭니다. 이는 문화 교육의 일환으로 중국 문화의 간접적 접촉을 통해 자연스러운 어휘량의 향상을 가져와 점진적이고 체계적인 단어 학습을 이끌어냅니다. 학습자는 중국문화의 특징과 차이점을 이해하는 과정을 통하여 상황에 맞는 언어 사용 능력을 기르게 됩니다.

외국어 교육에서 어휘는 의사소통 능력 향상의 중요한 기본이 됩니다. 모쪼록 중국어로 의사 소통 목표를 이루기 위한 기초 어휘 학습 교재로 본 교재가 학습자는 물론 교사에게도 도움이 되기를 희망합니다. 끝으로 교재 집필에 도움을 주신 李丹英, 金雪花 선생님께 감사드리고, 든든한 버팀목으로 항상 응원을 아끼지 않는 가족에게 진심으로 감사의 마음을 전합니다.

신한미

차례

부록

이 책의 특징

1. 단어 척척~ 실력 쑥쑥

단어의 활용을 보여 줍니다. 단어를 바꾸어 말하는 연습도 할 수 있어요.

QR을 이용하여 스마트폰에서 음원을 바로 들을 수 있어요.

매 과 주제별로 다양하게 구성된 일상 생활 속의 친근한 단어들을 미리 만나보세요. 단어 익히기 활동을 통해 중국어에 대한 자신감이 쑥쑥! HSK 1,2급 단어 목록에서 출제 빈도가 높은 단어를 주로 선정하여 자격증 대비 성격의 어휘 학습으로 연결되는 두 배의 효과를 느껴보세요.

2. 단어를 익혀요, 콕 찍어 익혀요

색칠하고, 써보며 어느새 단어왕이 됐어요.

다양한 활동으로 재미있게 단어를 익혀요.

알아두면 유익한 중국의 문화 상식을 단어와 접목시켜 연관된 내용으로 어휘 확장을 하는 코너입니다. 문장으로 한번 더 어휘 실력이 향상되는 것을 느껴 보세요.

3. 문장으로 말해요, 놀면서 익혀요

일상 생활 속의 친숙한 소재를 중심으로 이끌어 낸 말하기 연습을 통하여 원어민이 된 것처럼 자연스럽게 말하는 나를 발견할 수 있을거예요.

딱딱하고 지루한 중국어 공부는 이제 그만! 매 과 부록 자료를 활용하여 다양한 활동의 오리고, 붙이고, 만들고, 색칠하는 즐거운 조작 활동을 통해 더욱 신나는 중국어 공부 시간이 됩니다.

4. 노래와 챈트, 확인 연습문제

놓칠 수 없는 중국어 듣기 능력도 향상시킬 수 있어요.

입에 착착 붙는 듯한 쉽고 간결한 가사와 경쾌한 리듬감은 배운 단어를 오랫동안 머리에 쏙쏙 기억하게 만듭니다. 신체 활동과 함께 신나게 노래를 따라해 보세요. 어느새 자신도 모르는 사이에 중국어 실력자가 되어 있을 거예요.

Dì 1 kè 봄이 왔어요.

이 과에서는 '봄' 관련 단어를 배웁니다. 큰 소리로 따라 읽으며 단어를 익혀 보세요.

chūntiān

春天

봄

huā kāi

花开

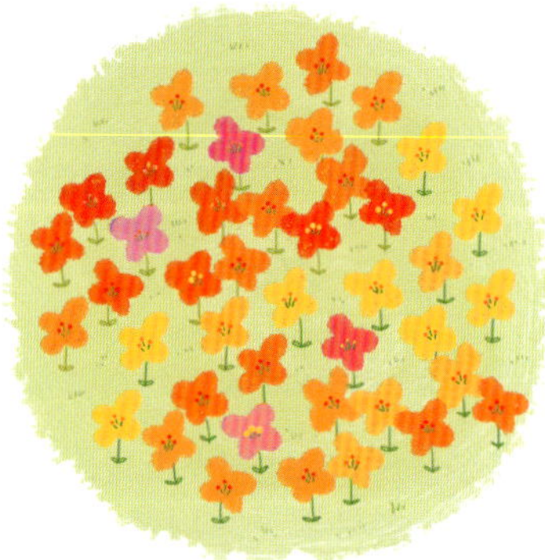

꽃이 피다

húdié

蝴蝶

나비

qīngwā

青蛙

개구리

说一说

春天来了。 ❶花开 ❷开学 ❸困
Chūntiān lái le.

01

1

nuǎnhuo
暖和

따뜻하다

kāixué
开学

개학하다

kùn
困

졸리다

huāpíng
花瓶

꽃병

바꿔 말해 보아요. ① 꽃이 피었어요. ② 개학이에요. ③ 졸려요.

단어를 익혀요

간체자 - 그림 - 병음을 바르게 연결하세요.

青蛙		qīngwā
开学		kāixué
春天		kùn
蝴蝶		huā kāi
花开		chūntiān
困		húdié

콕 찍어 익혀요

동물들의 울음 소리를 추측해보고 귀여운 동물들도 예쁘게 색칠해요.

g ______________

青蛙 qīngwā

g ______________

鸭子 yāzi

w ______________

小狗 xiǎogǒu

m ______________

小猫 xiǎomāo

h ______________

小猪 xiǎozhū

힌트

① 개구리 guāguā ② 오리 gāgā ③ 강아지 wāngwāng ④ 고양이 miāomiāo ⑤ 돼지 hēnghēng

문장으로 말해요

02

春天来了。
Chūntiān lái le.

蝴蝶飞来了。
Húdié fēilái le.

봄이 왔어요.

나비가 날아 왔어요.

来 lái 오다

飞 fēi 날다

모빌을 만들어요.

봄 춘(春) 입체 종이 공예 놀이

만드는 방법 • 준비물: 색종이 1장, 가위, 연필, 풀

1. 색종이를 가로, 세로, 대각선으로 접는다.

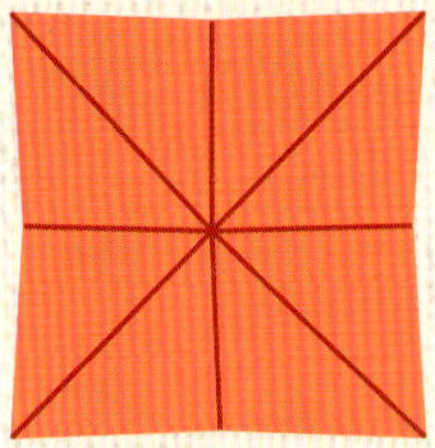

2. 삼각형 모양으로 (그림 처럼) 포개 접는다.

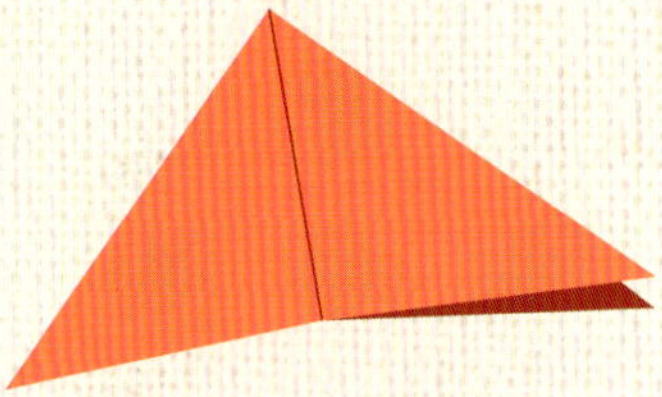

3. 한 번 더 세로로 접은 후 연필로 선을 그린다.

4. 빨간선을 가위질로 잘라낸다.

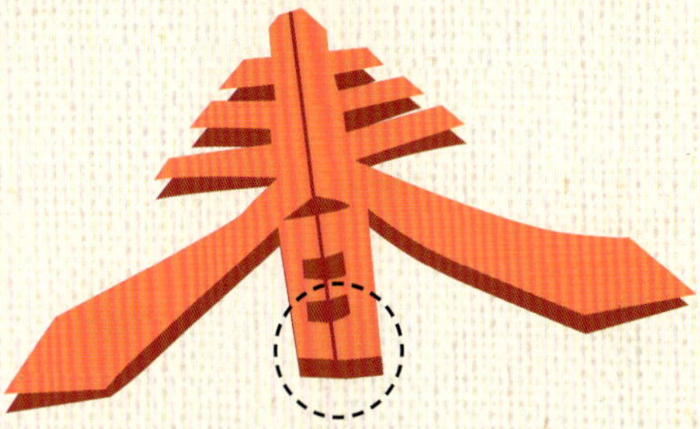

봄 춘(春)글자가 나오면 펼쳐서
이 부분을 풀칠하여 고정시켜주세요.

TIP! 빨간색 끈을 달아 모빌처럼 자유롭게 움직이도록
빈 공간에 장식해도 좋아요.

노래 & 챈트

후렴구 (gū wā guā guā)를 노래할 때는 두 손을 입으로 가져와 개구리 흉내를 내면서 불러 보세요. 03

青蛙歌 청개구리

小青蛙呀 小青蛙呀 在池塘里游玩
개구리야 개구리야 연못에서 잘도 헤엄쳐 노는구나

东边跳跳 西边跳跳 多么快乐逍遥
동쪽에서 폴짝 서쪽에서 폴짝 정말 재미있겠네

咕哇呱呱 咕哇呱呱 咕哇咕哇咕哇
개굴개굴 개굴개굴 개굴 개굴 개굴

咕哇呱呱 咕哇呱呱 咕哇咕哇咕哇
개굴개굴 개굴개굴 개굴 개굴 개굴

逍遥 xiāoyáo 한가롭게 즐기다
跳 tiào 뛰다
呱呱 guā guā 개굴개굴

확인 연습문제

1

1 그림에 맞는 한어병음을 고르고 예쁘게 써 보세요.

❶ 

kāi	cāi	kài
xuě	xué	huā

❷ 

cūn	chūn	zhūn
tián	nián	tiān

2 들려주는 발음을 잘 듣고 알맞은 그림을 고르세요. 04

3 들려주는 문장을 잘 들어 보세요. 아래의 단어 중 문장 속에 나오는 것을 고르세요. (2개) 05

蝴蝶　开学　春天

冬天　青蛙

Dì 2 kè 야구를 해요.

이 과에서는 '운동' 관련 단어를 배웁니다. 큰 소리로 따라 읽으며 단어를 익혀 보세요.

dǎ wǎngqiú
打网球

테니스를 치다

yóuyǒng
游泳

수영하다

dǎ lánqiú
打篮球

농구하다

sànbù
散步

산책하다

打棒球。 ❶网球 ❷篮球 ❸乒乓球
Dǎ bàngqiú.

06

huábīng
滑冰

스케이트를 타다

tī zúqiú
踢足球

축구하다

dǎ bàngqiú
打棒球

야구하다

dǎ pīngpāngqiú
打乒乓球

탁구치다

바꿔 말해 보아요. ① 테니스를 쳐요. ② 농구를 해요. ③ 탁구를 해요.

단어를 익혀요

쌓여있는 블럭의 글자를 사용하여 단어를 직접 써 보세요.

步 bù
游 yóu
乒 pīng
球 qiú
散 sàn
乓 pāng
打 dǎ
泳 yǒng

sàn
散

콕 찍어 익혀요

2

손으로 하는 운동에는 주로 '打'를 써서 표현해요. '扌'는 손을 뜻하는 글자 '手'(손 수)랍니다.

网球 wǎngqiú

篮球 lánqiú

打
dǎ

乒乓球 pīngpāngqiú

棒球 bàngqiú

발로 하는 운동에는 주로 '踢'를 써요. '⻊'는 발을 뜻하는 글자 '足'(발 족)이랍니다.

踢
tī

足球 zúqiú

＊내가 좋아하는 운동을 빈칸에 쓰고, 우리말로 해석해 보세요.

· 打 ______　　· 踢 ______

문장으로 말해요

07

我有一个好哥哥，

Wǒ yǒu yí ge hǎo gēge,

哥哥教我打棒球。

gēge jiāo wǒ dǎ bàngqiú.

나는 멋진 형이 있어요,

형은 나에게 야구를 가르쳐 줘요.

教 jiāo 가르치다

놀면서 익혀요

애벌레 놀이해요.

만들기 P.1-1 P.1-2

2

만드는 방법 • 준비물: 부록, 가위, 칼, 풀

1 부록(1-1)의 애벌레를 잘라서 풀로 붙여 길게 연결하세요.

2 부록(1-2)에서 그림과 같이 네모칸을 오려내고 '풀칠'부분을 풀로 붙여요.
(칼을 사용할 때는 주의해야 해요!)

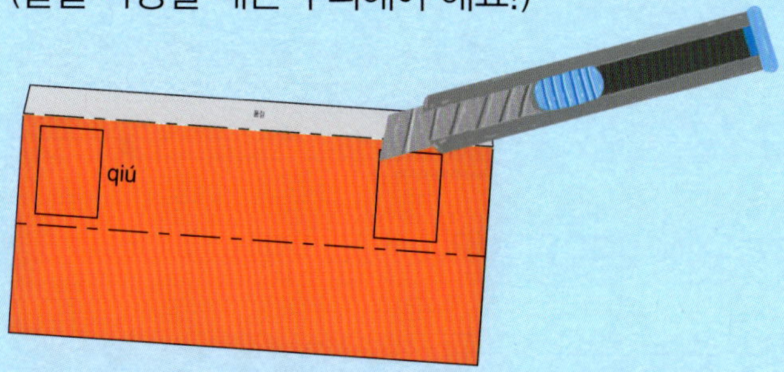

3 좌우로 왔다갔다 하면서 애벌레 놀이를 해요.

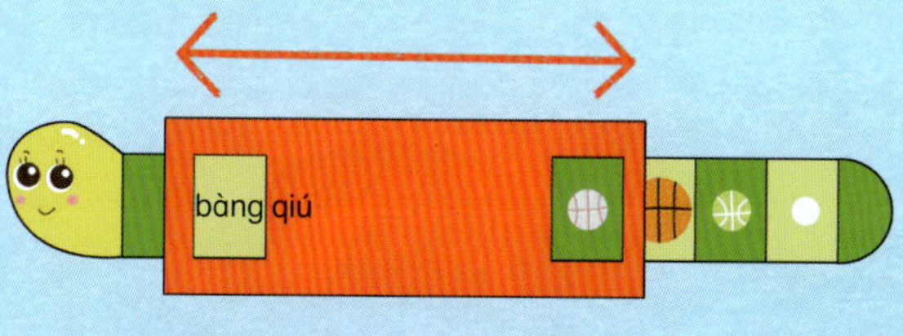

4 애벌레가 움직이면 단어도 따라 움직여요.

※내가 찾은 단어를 써 보세요.

노래 & 챈트

'열 꼬마 인디언' 멜로디에 맞춰 신나게 따라 불러요.

08

你喜欢什么? 넌 뭐 좋아해?

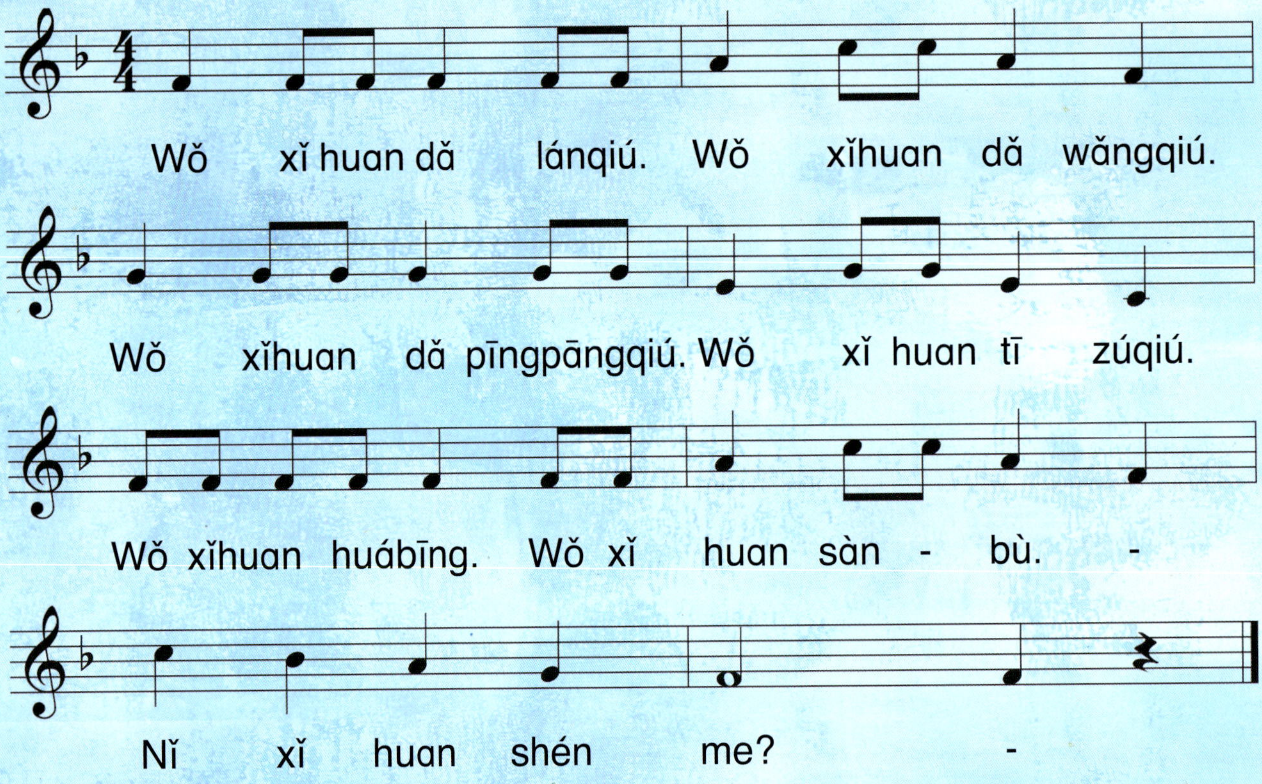

我喜欢打篮球。我喜欢打网球。
난 농구 좋아해. 난 테니스 좋아해.

我喜欢打乒乓球。我喜欢踢足球。
난 탁구 좋아해. 난 축구 좋아해.

我喜欢滑冰。我喜欢散步。
난 스케이트 좋아해. 난 산책 좋아해.

你喜欢什么?
넌 뭐 좋아해?

喜欢 xǐhuan 좋아하다	
什么 shénme 무엇	

확인 연습문제

1 그림에 맞는 글자를 고르고 예쁘게 써 보세요.

❶ 

有	游	打
泳	冰	足

❷ 

足	打	冰
乒	步	球

2 들려주는 발음을 잘 듣고 보기와 같이 병음을 연결하고, 예쁘게 써 보세요. 09

보기

h	ā	bīng
w	uá	bìng

huábīng

❶

dǎ	bàng	qiǔ
dá	wǎng	qiú

❷

tī	lán	qú
dǎ	zú	qiú

Dì 3 kè 고마워요.

이 과에서는 '생일' 관련 단어를 배웁니다. 큰 소리로 따라 읽으며 단어를 익혀 보세요.

dàngāo
蛋糕

케이크

lǐwù
礼物

선물

qìqiú
气球

풍선

chànggē
唱歌

노래 부르다

짝궁처럼 세트로 사용된답니다.

谢谢。
Xièxie.

不客气。
Bú kèqi.

10

làzhú

蜡烛

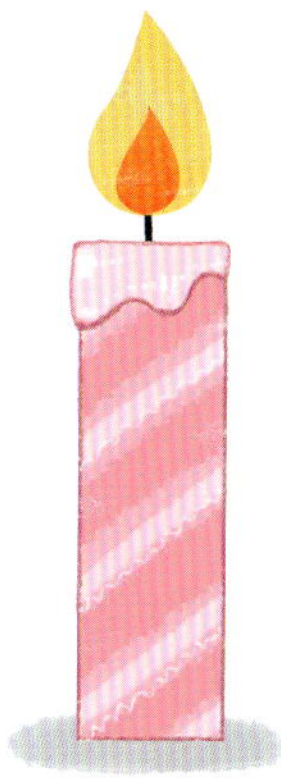

초

shēngrìkǎ

生日卡

생일카드

xièxie

谢谢

고마워

bú kèqi

不客气

천만에

단어를 익혀요

간체자를 연결해 단어를 완성하고 병음을 써 보세요.

礼		糕	dàngāo
蛋		歌	
气		烛	
唱		球	
生日		物	
蜡		卡	

콕 찍어 익혀요

이상하게 생긴 글자 '卡 kǎ'가 있다?

卡

kǎ

예쁘게 색칠해 보세요.

上 shàng '위'도 아니고,

下 xià '아래'도 아니네. 그럼 무슨 뜻이에요?

卡 kǎ 는 카드 'card'를 뜻하는 중국어 음역자(외국어 발음과 비슷한 발음으로 만든 글자)입니다.
발음이 비슷한가요?

'卡'가 들어가는 단어들이에요. '卡'를 넣어 단어를 완성시켜 주세요.

生 日 ☐
shēng rì kǎ
생일카드

☐ 包
kǎ bāo
카드 지갑

信 用 ☐
xìn yòng kǎ
신용카드

圣 诞 ☐
shèng dàn kǎ
성탄카드

문장으로 말해요

생일을 맞은 친구에게 말해 보세요. 11

祝你生日快乐！

Zhù nǐ shēngrì kuàilè!

생일 축하해!

祝 zhù 축하하다

快乐 kuàilè 즐겁다

놀면서 익혀요

생일 축하 카드를 만들어요.

만들기 P.2

만드는 방법 • 준비물: 부록, A4 색지, 색연필, 풀, 가위

1. 부록의 생일 케이크 카드를 잘라 예쁘게 색칠하고 꾸며주세요.
2. 지시선대로 자르고, 접어서 생일 케이크 팝업 카드를 만듭니다.

   - - - - - - 안으로 접는 선 —·—·—· 밖으로 접는 선 ——— 오리는 선

3. A4 색지를 반으로 접었다 펴고 만들어진 생일 케이크 팝업 카드를 그 위에 풀로 붙입니다.
   (단, 팝업으로 튀어나오지 않은 부분만 풀칠해야 해요.)
4. 생일 축하 메세지를 쓰면 '생일 카드' 완성.

노래 & 챈트

'생일 축하해' 노래에 맞춰 신나게 불러 보아요. 12

祝你生日快乐 생일 축하해

얘들아 고마워

고마워, 고마워 (谢谢你，谢谢你。)

천만에 천만에 (不客气。)

생일축하해. (祝你生日快乐。)

※ 생일 고깔 모자를 쓴 친구가 '얘들아 고마워, Xièxie nǐ, xièxie nǐ.'를 부르면, 나머지 친구들이 '천만에 Bú kèqi. Zhù nǐ shēngrì kuàilè.'를 불러요. 고깔모자를 번갈아 돌려 쓰면서 노래해 보세요.

확인 연습문제

1 '생일 축하해'를 순서대로 번호를 써 보세요.

日 ( ) 你 ( ) 乐 ( ) 祝 ( ) 生 ( ) 快 ( )

2 단어에 알맞은 스티커를 붙이고 빈칸에 병음을 써 넣으세요.

唱歌 [ ] 스티커 붙이는 곳

蜡烛 [ ] 스티커 붙이는 곳

3 잘 듣고 관련있는 그림 또는 단어를 고르세요. 13

❶

❷ 谢谢 唱歌 不客气

Dì 4 kè 뭐가 있어요?

이 과에서는 '물건' 관련 단어를 배웁니다. 큰 소리로 따라 읽으며 단어를 익혀 보세요.

shūbāo
书包

책가방

qiānbǐ
铅笔

연필

xiàngpí
橡皮

지우개

bǐhé
笔盒

필통

说一说

有什么？ ❶书包 ❷笔盒 ❸本子

Yǒu shénme?

14

yuánzhūbǐ

圆珠笔

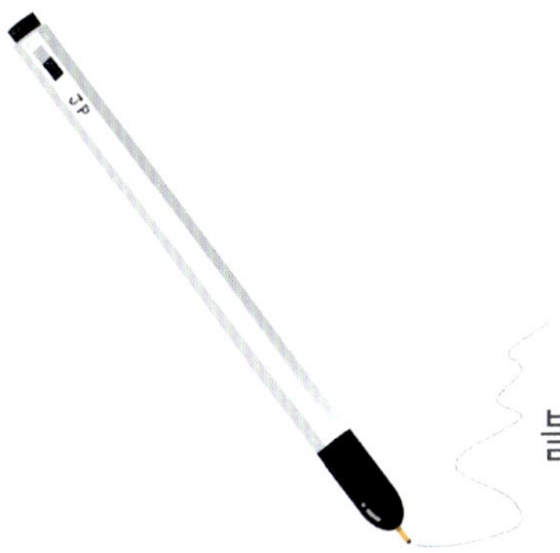

볼펜

běnzi

本子

공책

shǒujī

手机

휴대폰

làbǐ

蜡笔

크레용

대답해 보아요. - 有 OO。 ① 책가방이 있어요. ② 필통이 있어요. ③ 공책이 있어요.

단어를 익혀요

알맞은 한어병음과 그림을 연결해 보세요.

bǐ	jī	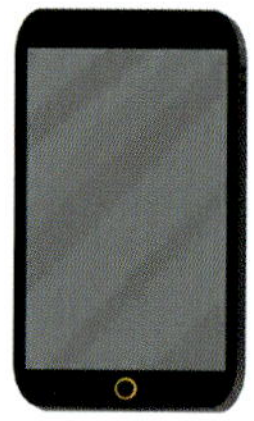
shǒu	bǐ	
qiān	bāo	
shū	hé	

* 그림에 알맞은 한어병음을 써 보고, 간체자 스티커를 찾아 붙이세요.

스티커 붙이는 곳 / 스티커 붙이는 곳	스티커 붙이는 곳 / 스티커 붙이는 곳	스티커 붙이는 곳 / 스티커 붙이는 곳	스티커 붙이는 곳 / 스티커 붙이는 곳

콕 찍어 익혀요

笔

bǐ

예쁘게 색칠해 보세요.

笔 bǐ 는 필기구를 말합니다. 어떤 필기구가 있는지 함께 알아보아요.

빈칸에 '笔'를 써 넣고, 큰 소리로 읽어 보세요.

水 □
shuǐ bǐ

自动铅 □
zì dòng qiān bǐ

彩色铅 □
cái sè qiān bǐ

圆珠 □
yuán zhū bǐ

단어

- 彩色铅笔 cáisè qiānbǐ 색연필
- 水笔 shuǐbǐ 싸인펜
- 自动铅笔 zìdòng qiānbǐ 샤프

문장으로 말해요

15

笔盒里有什么?
Bǐhé li yǒu shénme?

笔盒里有铅笔和橡皮。
Bǐhé li yǒu qiānbǐ hé xiàngpí.

필통 안에는 뭐가 있니?

필통 안에는 연필과 지우개가 있어.

※ 책가방 안에는 뭐가 있니?라고 바꾸어 묻고 대답해 보아요!

A 书包里有什么?

B 书包里有____和____。

里	lǐ(li) ~안(쪽)
和	hé ~와

놀면서 익혀요

핸드폰 놀이해요.

만들기 P.3

4

만드는 방법 • 준비물: 부록, 가위, 풀, 스티커

❶ 부록에 있는 핸드폰을 가위로 오립니다.

❷ 지시선에 따라 점선을 접습니다.

❸ 앞면 부분을 오려서 맨 앞쪽에 풀로 붙입니다.

❹ 부록의 스티커를 핸드폰 화면에 붙이면 완성.

노래 & 챈트

'내 물건'에 나오는 단어카드를 모두 책상 위에 올려놓고 반복해서 불러 보아요.

16

我有铅笔 나 연필 있어

你有书包， 书包吗？
Nǐ yǒu shūbāo, shūbāo ma?

我有书包， 书包。
Wǒ yǒu shūbāo, shūbāo.

你有铅笔， 铅笔吗？
Nǐ yǒu qiānbǐ, qiānbǐ ma?

我有铅笔， 铅笔。
Wǒ yǒu qiānbǐ, qiānbǐ.

너 책가방 있니?
나 책가방 있어.
너 연필 있니?
나 연필 있어.

有 yǒu 있다

吗 ma (의문) ~입니까?

확인 연습문제

1 퍼즐에서 빠진 글자를 보기에서 찾아 쓰고 단어를 완성하세요.

보기

书 本 皮 笔 手

❶ shū bāo
包

❷ xiàng pí
橡

❸ běn zi
子

2 들려주는 발음을 잘 듣고 알맞은 것을 고르세요. 17

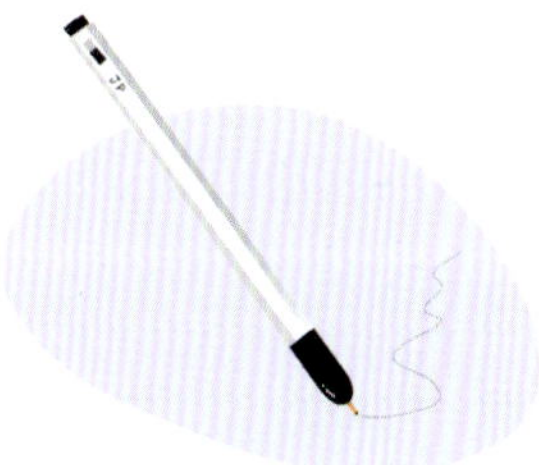

3 잘 듣고 필통 안에 있는 물건에 V 표시 하세요. (2개) 18

蜡笔 ☐	本子 ☐
铅笔 ☐	橡皮 ☐

Dì 5 kè 이가 아파요.

이 과에서는 '치아' 관련 단어를 배웁니다. 큰 소리로 따라 읽으며 단어를 익혀 보세요.

yáténg
牙疼

이가 아프다

shēntǐ
身体

몸

bēizi
杯子

컵

měitiān
每天

매일

이가 아플 때는 이렇게 말해요.

我牙疼。
Wǒ yáténg.

19

5

yáshuā
牙刷

칫솔

yīyuàn
医院

병원

yágāo
牙膏

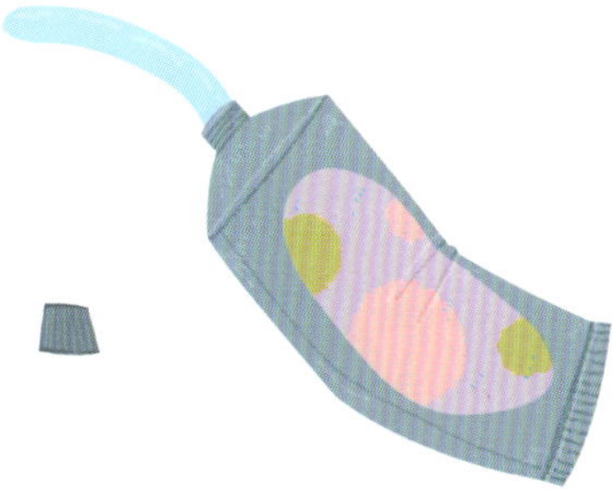

치약

shuāyá
刷牙

이를 닦다

단어를 익혀요

그림에 알맞은 한어병음을 채워 병음을 완성해 보세요.

보기

牙疼 - yáténg	身体 - shēntǐ	杯子 - bēizi
牙膏 - yágāo	医院 - yīyuàn	牙刷 - yáshuā

b

sh

y

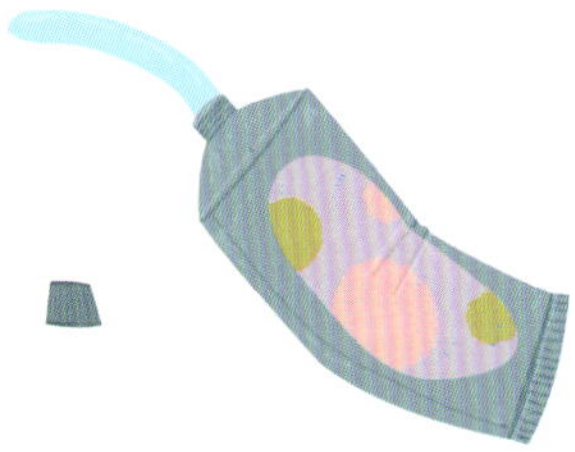

y

y

y

콕 찍어 익혀요

신체 각 부분의 단어를 큰 소리로 읽고 따라 써 보세요.

身体

shēntǐ

예쁘게 색칠해 보세요.

5

眼睛 yǎnjing	

头 tóu	

肚子 dùzi	

嗓子 sǎngzi	

“眼睛在哪里，这里，
头在哪里，这里，
肚子在哪里，这里，
腿在哪里，这里。”

눈은 어디 있나, 여~기,
머리는 어디 있나, 여~기,
배는 어디 있나, 여~기,
다리는 어디 있나, 여~기.

※노래를 부르며 해당하는 부위를 손으로 가리켜 보세요.

腿 tuǐ	

脚 jiǎo	

문장으로 말해요

20

牙刷和牙膏，
Yáshuā hé yágāo,

一对好朋友。
yí duì hǎo péngyou.

칫솔과 치약은 서로 좋은 친구 사이에요.

一对 yí duì 한 쌍

놀면서 익혀요

아픈 곳을 말해 보아요.

만들기 P.4

我牙疼。
Wǒ yáténg.

5

만드는 방법 · 준비물: 부록, 가위, 풀

부록의 그림을 오려서 해당하는 그림을 붙이고, 빈칸은 '간체자 또는 병음'을 예쁘게 써서 채워 주세요.

풀칠

嗓子疼
☐ téng

풀칠

耳朵 ☐
ěrduo téng

풀칠

☐ 疼
yá téng

풀칠

☐ 疼
tóu téng

풀칠

肚子疼
dùzi ☐

단어

- **耳朵** ěrduo 귀

노래 & 챈트

아픈 곳을 바꿔가며 챈트를 불러 보아요. 21

(ěrduo / sǎngzi / dùzi)

疼 아파요

怎么了？ 怎么了？ 你怎么了？
Zěnme le? Zěnme le? Nǐ zěnme le?

疼，疼，我牙疼。
Téng, téng, wǒ yáténg.

怎么了？ 怎么了？ 你怎么了？
Zěnme le? Zěnme le? Nǐ zěnme le?

疼，疼，我头疼。
Téng, téng, wǒ tóuténg.

어디 아프니? 어디 아프니?

아파, 아파, 이가 아파요.

어디 아프니? 어디 아프니?

아파, 아파, 머리가 아파요.

확인 연습문제

1 아래 글자에 알맞는 그림 스티커를 붙여 보세요.

❶ 스티커 붙이는 곳 杯子 bēizi

❷ 스티커 붙이는 곳 刷牙 shuāyá

❸ 스티커 붙이는 곳 身体 shēntǐ

❹ 스티커 붙이는 곳 医院 yīyuàn

2 들려주는 발음을 잘 듣고 알맞은 그림을 고르세요. (2개) 22

❶ 

❷ 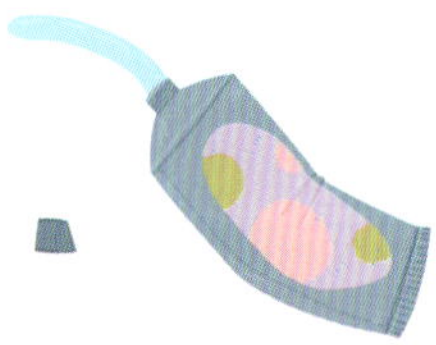

❸ 

❹ 

❺ 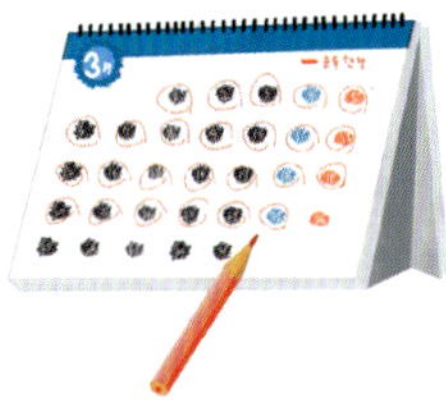

❻ 

3 들려주는 녹음과 가장 어울리는 노랫말을 골라 번호를 쓰세요. 23

❶ 머리 어깨 무릎 발 무릎 발~ 머리 어깨 무릎 발 무릎 발~

❷ 나비야 나비야 이리 날아 오너라

❸ 떴다 떴다 비행기 날아라 날아라

Dì 6 kè 서점에 가요.

이 과에서는 '장소' 관련 단어를 배웁니다. 큰 소리로 따라 읽으며 단어를 익혀 보세요.

gōngyuán
公园

공원

shāngdiàn
商店

상점

chāoshì
超市

마트

shūdiàn
书店

서점

说一说

我去书店。 ❶公园 ❷银行 ❸文具店

Wǒ qù shūdiàn.

24

yínháng

银行

은행

wénjùdiàn

文具店

문구점

gōnggòngqìchē zhàn

公共汽车站

버스정류장

xǐyīdiàn

洗衣店

세탁소

바꿔 말해 보아요. ① 공원에 가요. ② 은행에 가요. ③ 문구점에 가요.

단어를 익혀요

우리 동네입니다. 그림에 알맞은 간체자 스티커를 붙여 보세요.

콕 찍어 익혀요

빈칸에 店을 써 넣어 간판을 완성해 보세요.

* '店'을 넣으면 '상점'이라는 뜻이 됩니다. '店'을 직접 써 보고 '무슨 상점'인지 생각해 보세요.

6

※백화점은 '百货商店(bǎihuò shāngdiàn)' 이라고도 해요.

단어

- 药 yào 약
- 花 huā 꽃
- 面包 miànbāo 빵
- 自行车 zìxíngchē 자전거

문장으로 말해요

25

我去书店。

Wǒ qù shūdiàn.

妈妈去超市。

Māma qù chāoshì.

나는 서점에 가요.

엄마는 마트에 가요.

※ 장소를 바꾸어 가며 A, B 로 나누어 대화해 보세요.

Ⓐ Wǒ qù (gōngyuán).

Ⓑ Māma qù (yínháng).

놀면서 익혀요

돌림판을 돌려 어디에 가는지 대화해 보세요.

만들기 P.4

게임 방법 • 준비물: 부록, 연필, 가위, 풀

1. 단어칸에 해당하는 그림을 부록에서 잘라 풀칠 부분에 풀칠해서 장소 그림을 붙입니다.
2. 연필심을 가운데 흰 점에 두고 세운 후, 손을 놓아 떨어뜨려 가리키는 방향에 해당하는 장소를 말합니다.
3. 짝궁과 역할을 바꾸어서 말해봅니다.

A 你去哪儿？
Nǐ qù nǎr?

B 我去 ______。
Wǒ qù ______.

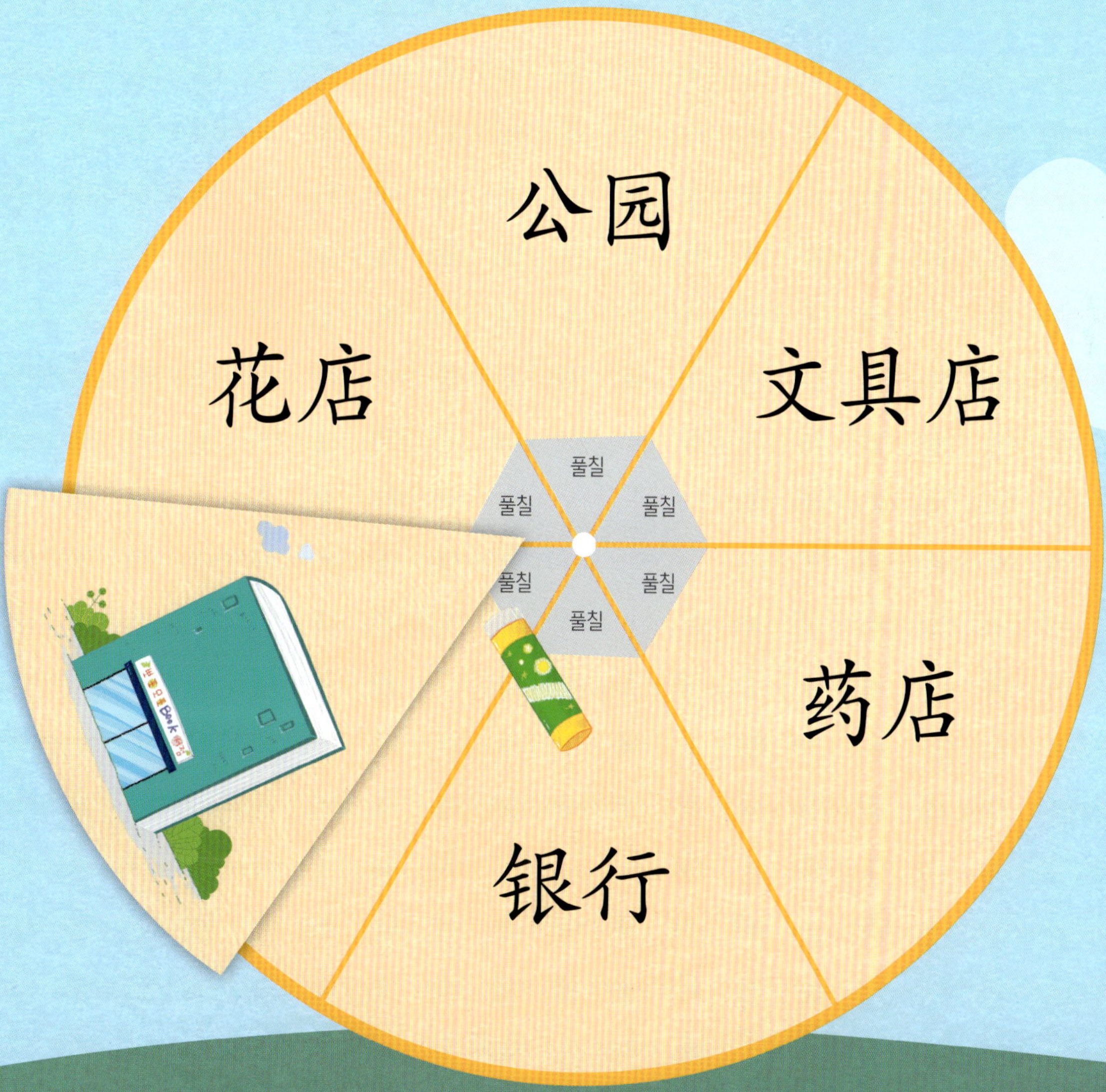

노래 & 챈트

리듬에 맞춰 흥겹게 챈트를 따라 불러 보아요. 26

去哪儿? 어디 가?

去哪儿? 去哪儿? 妈妈去哪儿?
Qù nǎr? Qù nǎr? Māma qù nǎr?

洗衣店, 洗衣店, 妈妈去洗衣店。
Xǐyīdiàn, xǐyīdiàn, māma qù xǐyīdiàn.

去哪儿? 去哪儿? 爸爸去哪儿?
Qù nǎr? Qù nǎr? Bàba qù nǎr?

银行, 银行, 爸爸去银行。
Yínháng, yínháng, bàba qù yínháng.

去哪儿? 去哪儿? 哥哥去哪儿?
Qù nǎr? Qù nǎr? Gēge qù nǎr?

文具店, 文具店, 哥哥去文具店。
Wénjùdiàn, wénjùdiàn, gēge qù wénjùdiàn.

去哪儿? 去哪儿? 你去哪儿?
Qù nǎr? Qù nǎr? Nǐ qù nǎr?

公园, 公园, 我去公园。
Gōngyuán, gōngyuán, wǒ qù gōngyuán.

어디 가? 어디 가? 엄마 어디 가?
세탁소, 세탁소, 엄마는 세탁소 가.
어디 가? 어디 가? 아빠 어디 가?
은행, 은행, 아빠는 은행에 가.
어디 가? 어디 가? 형 어디 가?
문구점, 문구점, 형은 문구점 가.
어디 가? 어디 가? 너 어디 가?
공원, 공원, 난 공원에 가.

확인 연습문제

1 그림을 보고 단어를 완성해 보세요.

① 

公 ☐

② 

文 ☐ 店

③ 

☐ 店

2 잘 듣고 알맞은 그림을 고르세요. 27

☐

☐

☐

3 들려주는 대화문을 잘 듣고 '여자'가 가려고 하는 장소를 아래에서 고르세요. 28

① 

② 

③ 

Dì 7 kè

냉장고 안에 뭐가 있어요?

이 과에서는 '음식' 관련 단어를 배웁니다. 큰 소리로 따라 읽으며 단어를 익혀 보세요.

niúnǎi

牛奶

우유

shūcài

蔬菜

채소

jīdàn

鸡蛋

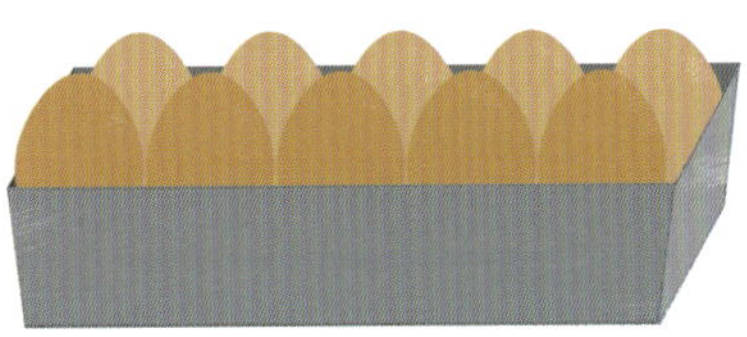

계란

yǐnliào

饮料

음료

说一说

冰箱里有什么? ❶牛奶 ❷鸡蛋 ❸冰淇淋

Bīngxiāng li yǒu shénme?

29

suānnǎi

酸奶

요구르트

chéngzhī

橙汁

오렌지주스

shuǐguǒ

水果

과일

bīngqílín

冰淇淋

아이스크림

대답해 보아요. 冰箱里有 ○○。

① 냉장고에 우유가 있어요. ② 냉장고에 계란이 있어요. ③ 냉장고에 아이스크림이 있어요.

단어를 익혀요

그림을 보고 단어를 완성해 보세요. (성조는 무시합니다.)

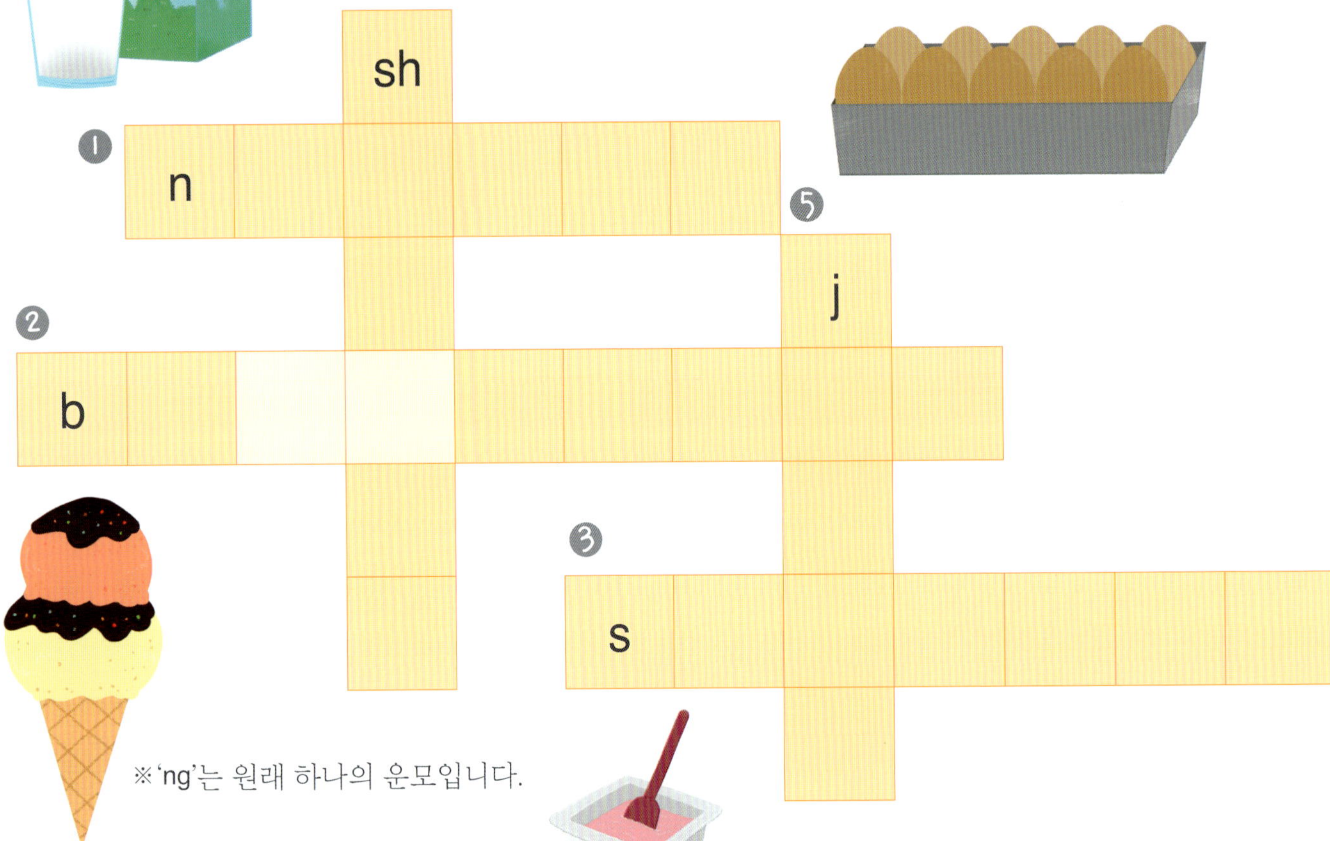

※'ng'는 원래 하나의 운모입니다.

＊해당하는 단어의 한자를 골라 표시하고 번호를 쓰세요.

酸	鸡	冰	蛋	水
牛	奶	淇	淋	果

콕 찍어 익혀요

汁 zhī가 들어가는 말을 알아보아요.

과일 + zhī → ○○ 주스

 + 汁 →  西瓜汁 xīguāzhī

 + 汁 →  香蕉汁 xiāngjiāozhī

 + 汁 →  苹果汁 píngguǒzhī

 + 汁 →  橙汁 chéngzhī

 + 汁 →  草莓汁 cǎoméizhī

'橙子'는 '子'를 빼고 '汁'를 붙여요.

문장으로 말해요

30

冰箱里有什么?
Bīngxiāng li yǒu shénme?

冰箱里有鸡蛋和酸奶。
Bīngxiāng li yǒu jīdàn hé suānnǎi.

냉장고 안에 뭐가 있어?

냉장고 안에 계란하고 요구르트가 있어.

冰箱 bīngxiāng 냉장고

놀면서 익혀요

냉장고 안에 뭐가 있을까?

만들기 P.5-1 P.5-2

만드는 방법 • 준비물: 부록, 가위, 풀

1. 부록(5-1)에 있는 냉장고를 잘라내어 양쪽으로 대문 접기를 합니다.
2. 부록(5-2)에서 마음에 드는 식품 이미지를 골라 자르세요.
3. 냉장고 안에 분류대로 음식을 붙이면서 중국어로 말해 보세요.
   ① 吃的 (먹는 것) ② 喝的 (마실 것) ③ 冰的 (냉동) ④ 水果, 蔬菜 (과일, 야채)
4. 친구와 냉장고 안에 뭐가 있는지 서로 묻고 대답해 봅니다.
   Ⓐ 冰箱里有什么？ 냉장고에 뭐가 있어?
   Bīngxiāng li yǒu shénme?
   Ⓑ 冰箱里有牛奶。 냉장고에 우유가 있어.
   Bīngxiāng li yǒu niúnǎi.

7

'우유'와 '아이스크림'을 다른 음식으로 바꾸어 불러 보세요.

31

牛奶和冰淇淋 우유와 아이스크림

牛奶和冰淇淋，牛奶和冰淇淋，在哪里,
우유와 아이스크림, 우유와 아이스크림, 어디에 있나?

在哪里, 在冰箱里有，在冰箱里有，
어디에 있나? 냉장고 안에, 냉장고 안에 있어.

很好吃，很好吃。
맛있네, 맛있어.

확인 연습문제

1 그림과 병음을 연결하고 단어를 완성하세요.

❶		chéngzhī	橙______
❷		niúnǎi	______奶
❸		shuǐguǒ	水______

2 잘 듣고 보기에서 골라 해당 단어를 써 보세요. 32

보기

niúnǎi　shūcài　bīngqílín　chéngzhī　yǐnliào　jīdàn　shuǐguǒ

❶ ______　❷ ______　❸ ______

3 들려주는 단어를 잘 듣고 단어에 어울리는 스티커를 차례대로 붙이세요. 33

❶ 스티커 붙이는 곳　❷ 스티커 붙이는 곳　❸ 스티커 붙이는 곳

Dì 8 kè 학교에 가요.

⏰ 이 과에서는 '아침 풍경' 관련 단어를 배웁니다. 큰 소리로 따라 읽으며 단어를 익혀 보세요.

zǎoshang
早上

아침

qǐchuáng
起床

일어나다

zǎofàn
早饭

아침밥

zǎoshang hǎo
早上好

아침 인사

학교에 갈 때 말해요.

说一说

我上学去。

Wǒ shàngxué qù.

34

xǐliǎn

洗脸

세수하다

jiàoxǐng

叫醒

깨우다

shàngxué

上学

등교하다

shàngkè

上课

수업하다

8

단어를 익혀요

간체자를 연결하여 단어를 완성한 후, 병음을 써 보세요.

起 •	• 上	
早 •	• 醒	
叫 •	• 课	
洗 •	• 床	
上 •	• 脸	

콕 찍어 익혀요

洗 xǐ 가 들어가는 말을 익혀 보아요.

洗

xǐ

예쁘게 색칠해 보세요.

* 그림 힌트를 보고 뜻을 써 보세요.

① 洗 

洗脚: ______
xǐ jiǎo

② 洗 

洗手: ______
xǐ shǒu

③ 洗 

洗头: ______
xǐ tóu

④ 洗 

洗脸: ______
xǐ liǎn

⑤ 洗 

洗衣服: ______
xǐ yīfu

정답

① 발을 씻다 ② 손을 씻다 ③ 머리를 감다 ④ 세수하다 ⑤ 옷을 빨다(세탁하다)

문장으로 말해요

35

妈妈，我上学去了。
Māma, wǒ shàngxué qù le.

路上小心吧。
Lù shang xiǎoxīn ba.

엄마, 학교 다녀오겠습니다.

길 조심하렴.

놀면서 익혀요

내 방문에 문걸이를 만들어 보아요.

만들기 P.6

쉿! 조용히~

만드는 방법 • 준비물: 부록, 가위, 풀, 색연필

❶ 부록을 오려내어 잘 펼칩니다.

❷ 예쁘게 꾸며 주세요.

❸ '깨워주세요'에 원하는 시간을 직접 쓰세요.

❹ 접어서 풀칠하면 완성! 내 방에 걸어 두어요.

노래 & 챈트 흥겨운 리듬에 맞춰 챈트를 따라 불러 보아요. 36

上学去 학교에 가요

上上下下，刷刷牙。
Shàng shàng xià xià, shuāshua yá.

左左右右，洗洗脸。
Zuǒ zuǒ yòu yòu, xǐxi liǎn.

前前后后，梳梳头。
Qián qián hòu hòu, shūshu tóu.

一二一二，上学去。
Yī èr yī èr, shàngxué qù.

위로 아래로, 이를 닦아요.
왼쪽 오른쪽, 세수를 해요.
앞쪽 뒤쪽, 머리를 빗어요.
하나 둘 하나 둘, 학교에 가요.

확인 연습문제

1 그림에 맞는 단어를 보기에서 골라 단어를 완성하세요.

보기

书 课 早 上 床 上 起

❶ 

❷ 

❸ 

2 잘 듣고 공통으로 들어가는 글자를 빈칸에 써 보세요. 37

❶ □ 课 / 学

❷ □ 上 / 饭

3 잘 듣고 알맞은 병음에 동그라미 하고, 한자를 써 보세요. 38

❶ shàngkèzǎofànqǐchuángzǎoshang hǎoxǐliǎn

❷ jiàoxǐngshàngxuézǎofànxǐliǎnqǐchuángzǎoshang hǎo

해답

1 봄이 왔어요.

단어를 익혀요 p.8

青蛙		qīngwā
开学		kāixué
春天		kùn
蝴蝶		huā kāi
花开		chūntiān
困		húdié

확인 연습문제 p.13

1. ❶ 

kāi	cāi	kài
xuě	xué	huā

kāixué

❷ 

cūn	chūn	zhūn
tián	nián	tiān

chūntiān

2. 

☐ ☐ V

3. 蝴蝶 开学 春天 冬天 青蛙

듣기 스크립트

2 qīngwā

3 Chūntiān lái le. Húdié fēilái le.

2 야구를 해요.

단어를 익혀요 p.16

步	bù
游	yóu
乒	pīng
球	qiú
散	sàn
乓	pāng
打	dǎ
泳	yǒng

sàn bù 散步

yóu yǒng 游泳

dǎ pīngpāngqiú 打乒乓球

확인 연습문제 p.21

1. ❶ 

有	游	打
泳	冰	足

游泳

❷ 

足	打	冰
乒	步	球

足球

2.

dǎ	bàng	qiǔ
dá	wǎng	qiú

dǎ bàngqiú

tī	lán	qú
dǎ	zú	qiú

tī zúqiú

듣기 스크립트

2 ❶ dǎ bàngqiú ❷ tī zúqiú

3 고마워요.

단어를 익혀요 p.24

礼	—	糕	dàngāo
蛋	—	歌	chànggē
气	—	烛	làzhú
唱	—	球	qìqiú
生日	—	物	lǐwù
蜡	—	卡	shēngrìkǎ

확인 연습문제 p.29

1. 日 4 你 2 乐 6 祝 1 生 3 快 5

2. 唱歌 chànggē  蜡烛 làzhú 

3. ❶  □ □ V

❷ 谢谢 □ 唱歌 V 不客气 □

듣기 스크립트

3 ❶ dàngāo ❷ chànggē

4 뭐가 있어요?

단어를 익혀요 p.32

bǐ shǒu qiān shū — jī bǐ bāo hé

shǒujī	qiānbǐ	shūbāo	bǐhé
手 机	铅 笔	书 包	笔 盒

확인 연습문제 p.37

1. ❶ shū bāo 书 包 ❷ xiàng pí 橡 皮 ❸ běn zi 本 子

2. 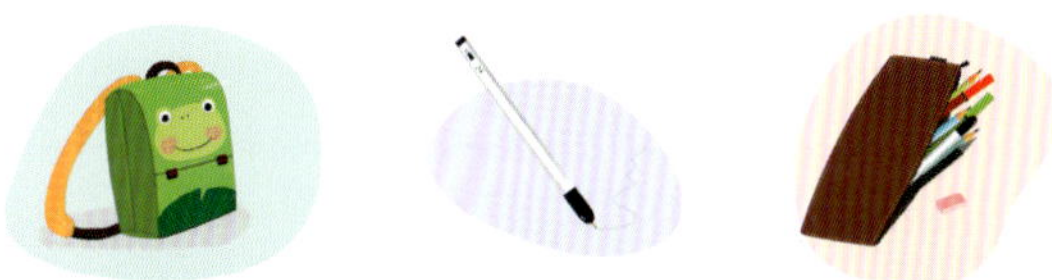

□ □ V

3. 蜡笔 □ 本子 □

铅笔 V 橡皮 V

듣기 스크립트

2 bǐhé

3 Bǐhé li yǒu qiānbǐ hé xiàngpí.

5 이가 아파요.

단어를 익혀요 p.40

bēizi

shēntǐ

yáténg

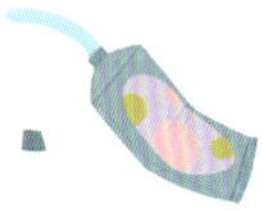
yágāo

yáshuā

yīyuàn

확인 연습문제 p.45

1. ❶  ❷  ❸  ❹ 

2. ❷, ❻

3. ❶

듣기 스크립트
2 yágāo, yáténg
3 shēntǐ

6 서점에 가요.

단어를 익혀요 p.48

확인 연습문제 p.53

1. ❶ 公 园 ❷ 文 具 店 ❸ 书 店

2.

V

☐

☐

3. ❶

듣기 스크립트
2 gōnggòngqìchē zhàn
3 Nǐ qù nǎr? Wǒ qù gōngyuán.

7 냉장고 안에 뭐가 있어요?

단어를 익혀요 p.56

			④								
			sh								
①	n	i	u	n	a	i	⑤				
			i				j				
② b	i	n	g	q	i	l	i	n			
			u				d				
			o		③ s	u	a	n	n	a	i
							n				

③ 酸	⑤ 鸡	冰	② 蛋	④ 水
① 牛	奶	淇	淋	果

확인 연습문제 p.61

1. 

chéngzhī — 橙 汁
niúnǎi — 牛 奶
shuǐguǒ — 水 果

2. ❶ shuǐguǒ ❷ yǐnliào ❸ shūcài

3. 

듣기 스크립트

2 ❶ shuǐguǒ ❷ yǐnliào ❸ shūcài
3 ❶ chéngzhī ❷ jīdàn ❸ bīngqílín

8 학교에 가요.

단어를 익혀요 p.64

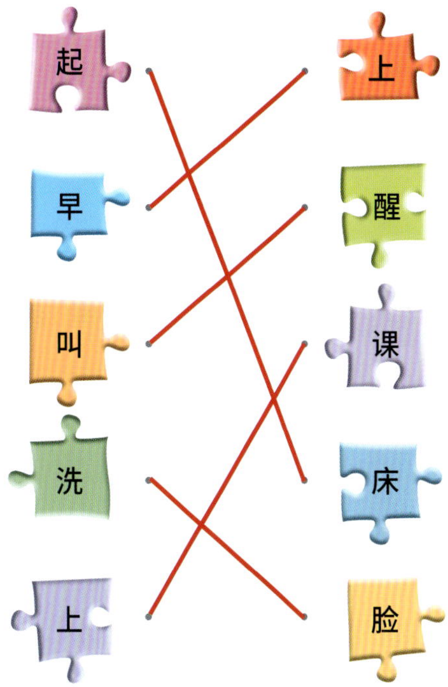

zǎoshang
jiàoxǐng
shàngkè
qǐchuáng
xǐliǎn

확인 연습문제 p.69

1. 

❶ 上 课 ❷ 早 上 ❸ 起 床

2. ❶ 上 课 / 学 ❷ 早 上 / 饭

3. 

❶ 早上好 ❷ 洗脸

듣기 스크립트

2 ❶ shàngkè, shàngxué ❷ zǎoshang, zǎofàn
3 ❶ zǎoshang hǎo ❷ xǐliǎn

색인

HSK 1급, 2급 단어를 포함하여 약 90개의 단어가 들어 있어요. 얼마나 알고 있는지 확인해 보세요.

신한미 (愼漢美)

부산대학교 중어중문학과 졸업
北京 广播学院对外汉语教学中心 어학 연수
문화관광부 관광통역지원센타 중국어 교육과정 이수
연세대학교 평생교육원 한자지도자 과정 수료
한국 방송통신대학교 대학원 실용중국어학과 석사 과정
서울 교육청 꿀맛닷컴 초중등 중국어 교과상담
뽀포모포 어린이 중국어 발음 1, 2권 (제이플러스 2014)
뽀포모포 어린이 중국어 단어 1, 2권 (제이플러스 2016)
뽀포모포 어린이 중국어 말하기 1, 2, 3, 4권 (제이플러스 2022)
하오빵 新 HSK 실전 모의고사 1급 (시사중국어사 2015)
착! 붙는 新 HSK 실전 모의고사 1급 (시사중국어사 2016)

전) 서울 유석 초등학교 중국어 교과 전담
쑥쑥닷컴 '중국어 게시판' 및 '친구들아 중국어랑 노올자' 칼럼 연재
네이버 카페 shenlaoshi@navercafe

뽀포모포 어린이 중국어 단어 1

개정판 2025년 10월 15일

저자 신한미
발행인 이기선
발행처 제이플러스
편집 윤현정
디자인 이지숙
삽화 문채빈
등록번호 제10-1680호
등록일자 1998년 12월 9일
주소 경기도 고양시 덕양구 향동로 217
전화 02-332-8320
팩스 02-332-8321
홈페이지 www.jplus114.com

ISBN 979-11-5601-302-0

값 18,000원 (음원 QR포함)

zú
bàng
lán
wǎng
pīng pāng
풀칠

만들기 p. 1-2

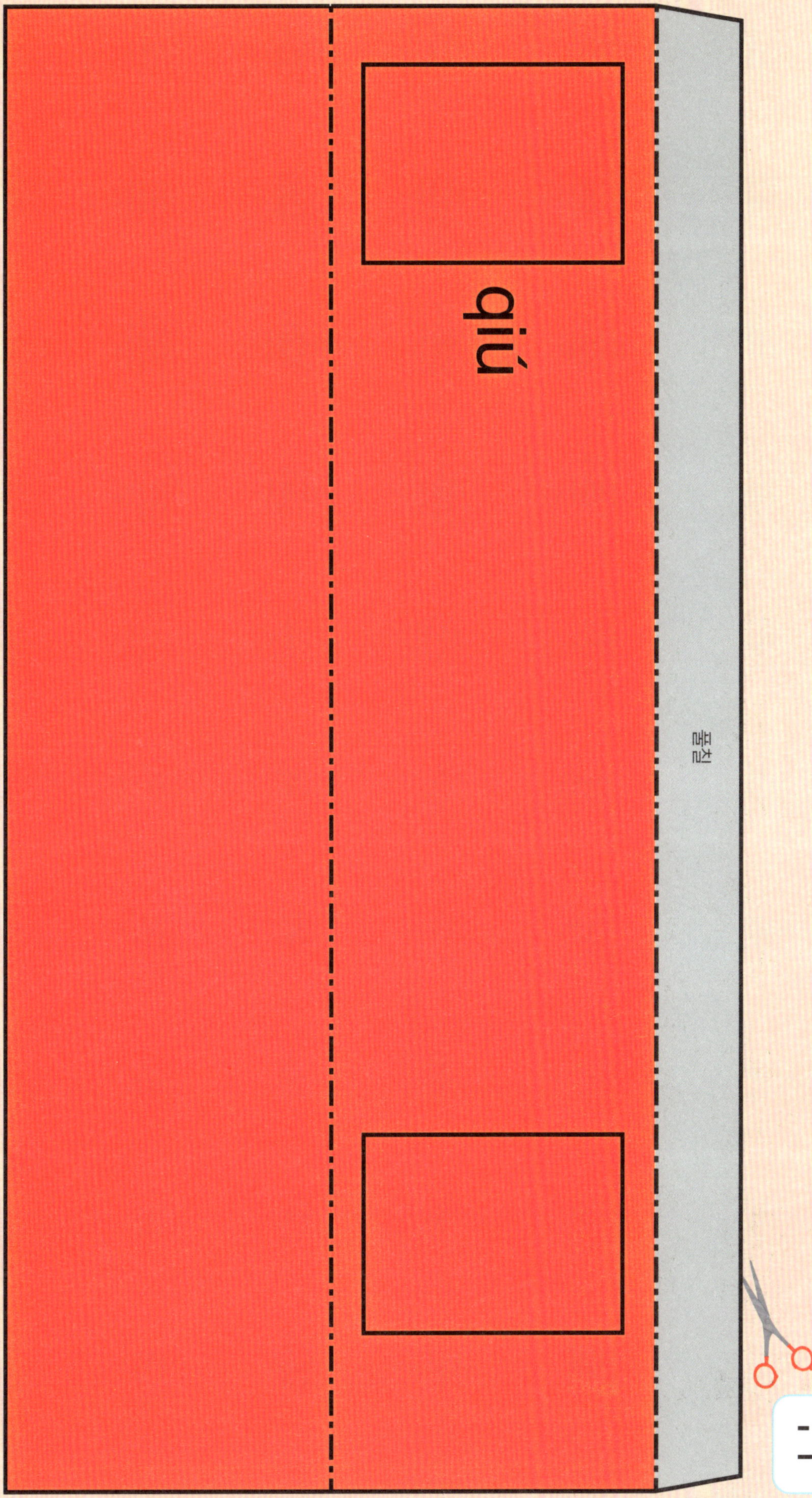

접는 선
오리는 선

- - - - - 안으로 접는 선
-·-·-·- 밖으로 접는 선
——— 오리는 선

● 만들기 p. 2

만들기 p. 3

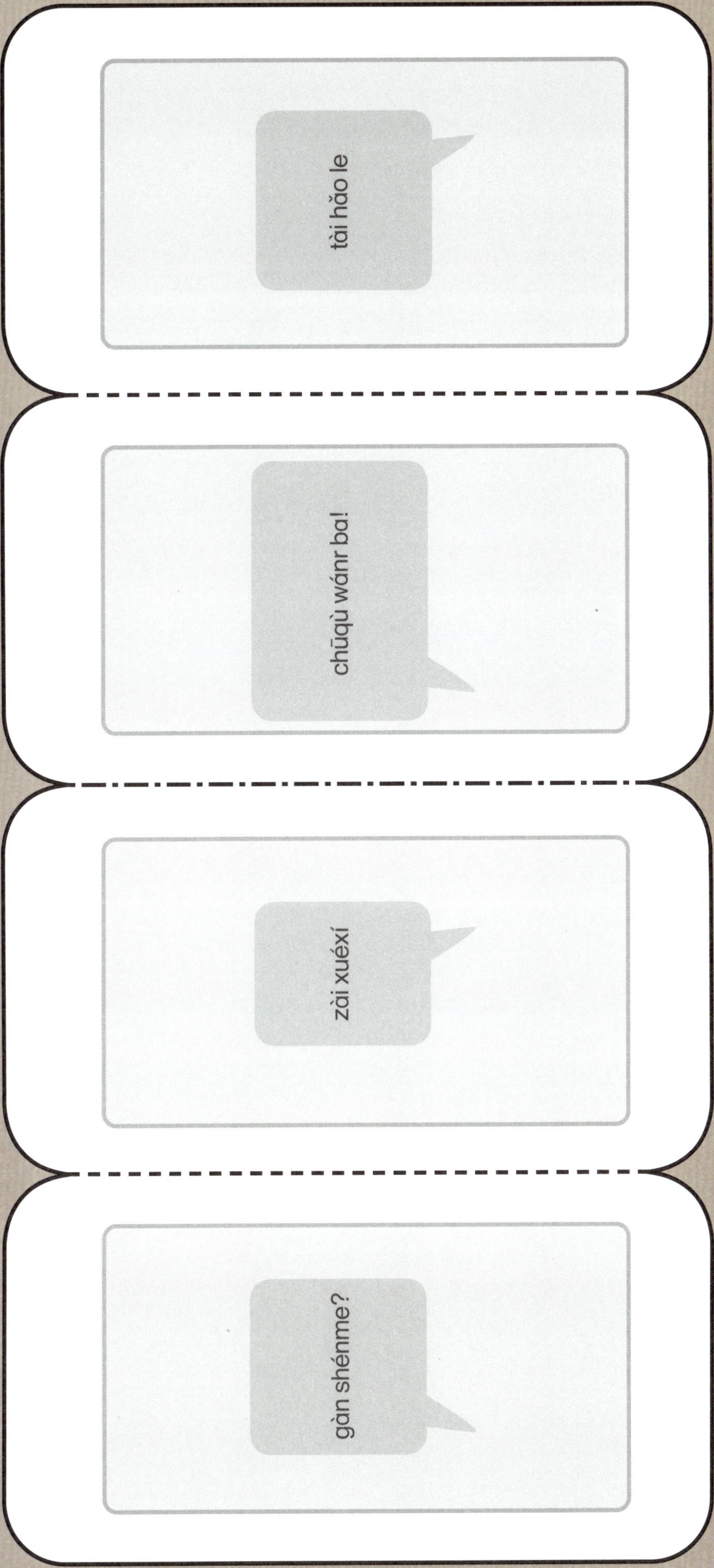

앞면

여기 뒷면에 앞면을 붙여요.

- - - - 안으로 접는 선
-·-·- 밖으로 접는 선
—— 오리는 선

자르는 선
접는 선

만들기 p.4

-5과 p.43-

뒷면에 '풀칠'하세요.

-6과 p.51-

만들기 p. 5-1

자르는 선

접는 선

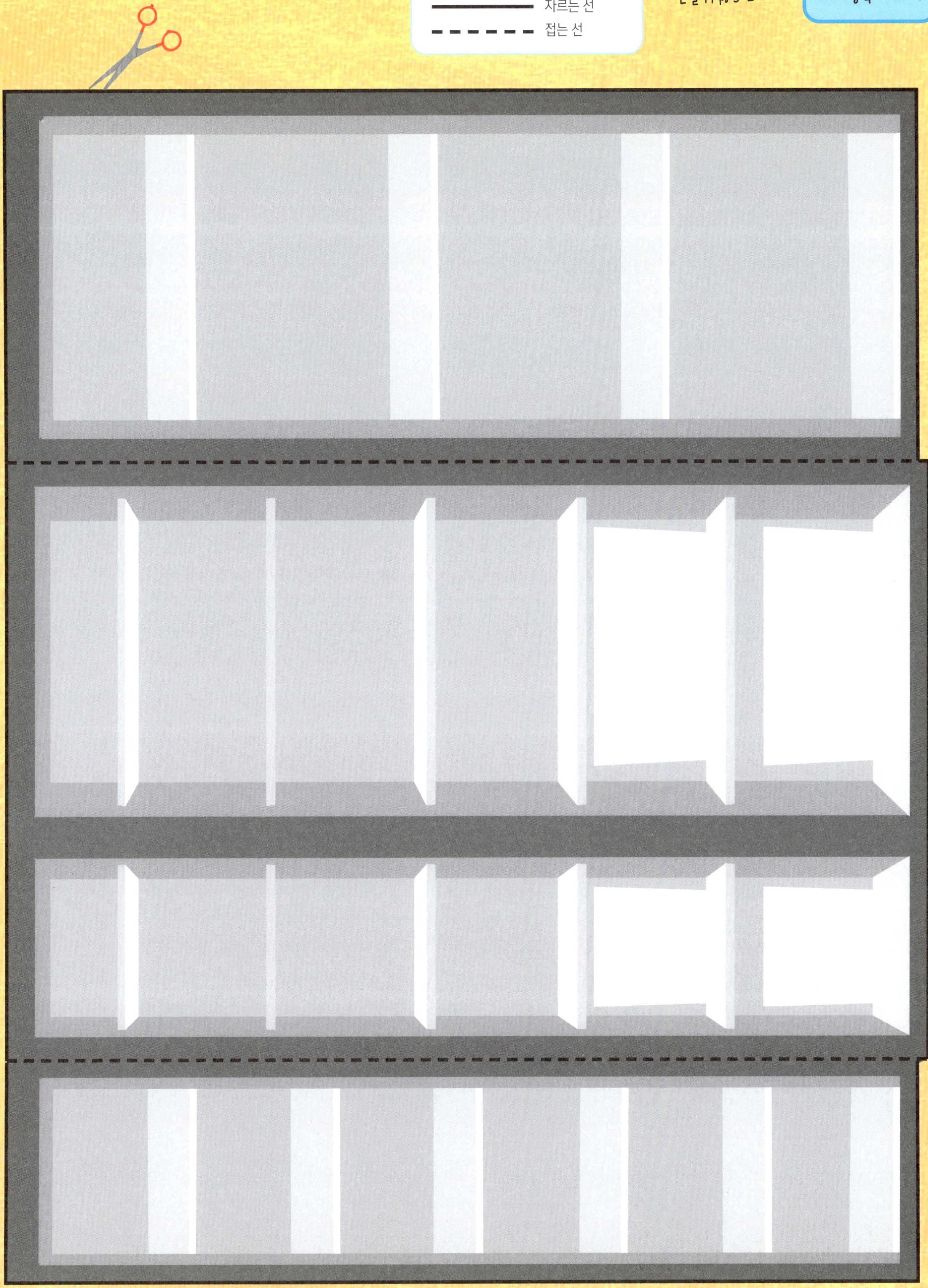

Coke
COKE
MILK
YOG

만들기 p. 6

叫醒我

:

请安静

풀칠

chūntiān

huā kāi

húdié

qīngwā

nuǎnhuo

kāixué

kùn

huāpíng

1-1

春天

1-2

花开

1-3

蝴蝶

1-4

青蛙

1-5

暖和

1-6

开学

1-7

困

1-8

花瓶

dǎ wǎngqiú

yóuyǒng

dǎ lánqiú

sànbù

huábīng

tī zúqiú

dǎ bàngqiú

dǎ pīngpāngqiú

2-1

打网球

2-2

游泳

2-3

打篮球

2-4

散步

2-5

滑冰

2-6

踢足球

2-7

打棒球

2-8

打乒乓球

dàngāo

lǐwù

qìqiú

chànggē

làzhú

shēngrìkǎ

xièxie

bú kèqi

3-2

礼物

3-1

蛋糕

3-4

唱歌

3-3

气球

3-6

生日卡

3-5

蜡烛

3-8

不客气

3-7

谢谢

shūbāo

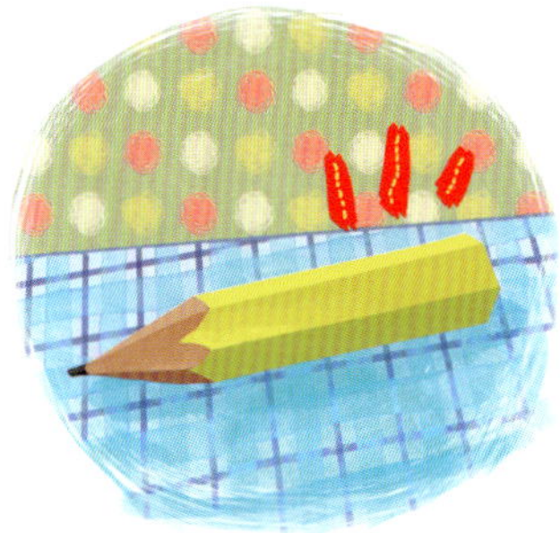

qiānbǐ

xiàngpí

bǐhé

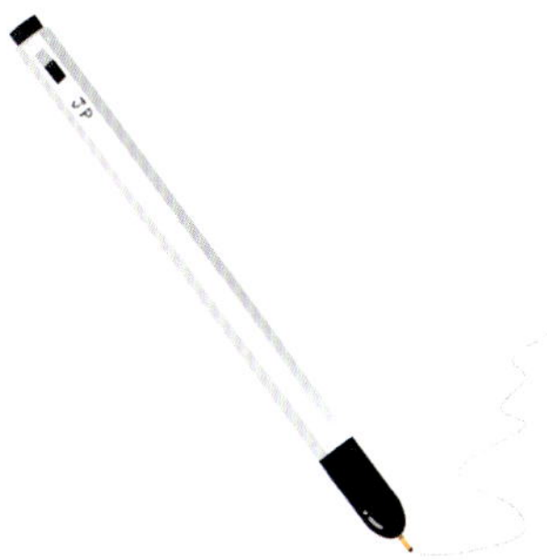

yuánzhūbǐ

běnzi

shǒujī

làbǐ

4-2

铅笔

4-1

书包

4-4

笔盒

4-3

橡皮

4-6

本子

4-5

圆珠笔

4-8

蜡笔

4-7

手机

yáténg

shēntǐ

bēizi

měitiān

yáshuā

yīyuàn

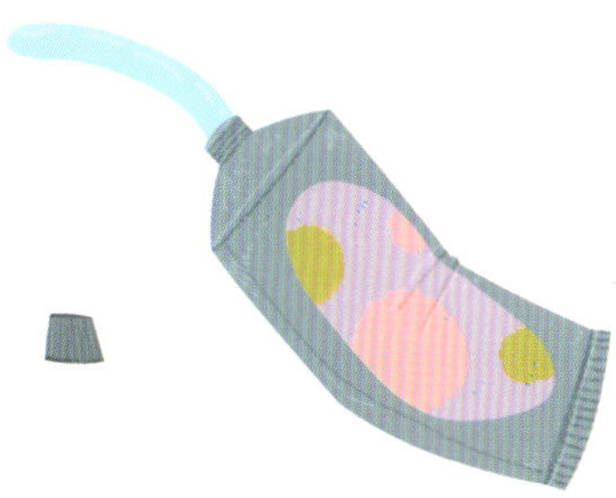

yágāo

shuāyá

5-2

身体

5-1

牙疼

5-4

每天

5-3

杯子

5-6

医院

5-5

牙刷

5-8

刷牙

5-7

牙膏

gōngyuán

shāngdiàn

chāoshì

shūdiàn

yínháng

wénjùdiàn

gōnggòngqìchē zhàn

xǐyīdiàn

6-1

公园

6-2

商店

6-3

超市

6-4

书店

6-5

银行

6-6

文具店

6-7

公共汽车站

6-8

洗衣店

niúnǎi

shūcài

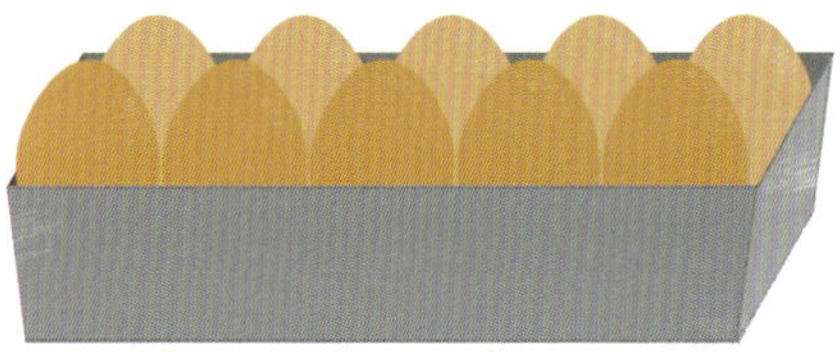

jīdàn

yǐnliào

suānnǎi

chéngzhī

shuǐguǒ

bīngqílín

7-2

蔬菜

7-1

牛奶

7-4

饮料

7-3

鸡蛋

7-6

橙汁

7-5

酸奶

7-8

冰淇淋

7-7

水果

zǎoshang

qǐchuáng

zǎofàn

zǎoshang hǎo

xǐliǎn

jiàoxǐng

shàngxué

shàngkè

8-2

起床

8-1

早上

8-4

早上好

8-3

早饭

8-6

叫醒

8-5

洗脸

8-8

上课

8-7

上学

3과 p. 29 확인 연습문제

4과 p.32 단어를 익혀요

手　铅　笔　笔

包　机　书　盒

4과 p. 35 놀면서 익혀요

出去玩儿吧！

太好了！

在学习

干什么?

5과 p. 45 확인 연습문제

7과 p. 61 확인 연습문제

6과 p. 48 단어를 익혀요

超市　公园　文具店　洗衣店

商店　书店　银行　公共汽车站